I0490312

El dinero no crece en los árboles: Cómo tomar el control de tus finanzas personales

Karen Vargas

El dinero no crece en los árboles: Cómo tomar el control de tus finanzas personales

Copyright © 2023 Karen Vargas

Todos los derechos reservados.

ISBN: 9798391951704

DEDICATORIA

A todas las personas que buscan empoderarse a través del conocimiento
financiero, que desean transformar su relación con el dinero y construir un
futuro más seguro. Que este libro sea una herramienta en su camino hacia la
libertad financiera y un recordatorio de que cada paso cuenta.

INTRODUCCIÓN

El dinero juega un papel fundamental en nuestras vidas, pero también puede convertirse en una fuente de estrés. Desde los primeros pasos en el mundo laboral hasta el manejo de deudas estudiantiles y la lucha por llegar a fin de mes, aprender a gestionar nuestras finanzas personales es una habilidad crucial para alcanzar nuestras metas y sueños.

Este libro está diseñado especialmente para jóvenes adultos que desean tomar el control de sus finanzas y encaminarse hacia la independencia financiera. A lo largo de los capítulos, exploraremos las cinco áreas clave que preocupan a muchos en esta etapa: la creación de un presupuesto, la gestión de deudas y créditos, el ahorro, la inversión y la planificación financiera a largo plazo.

Aquí descubrirás los conceptos básicos de las finanzas personales. Aprenderás a establecer objetivos financieros claros, a crear y mantener un presupuesto efectivo, a manejar tus deudas de manera responsable, a ahorrar para emergencias y el futuro, ya invertir de forma inteligente para fomentar un crecimiento financiero sostenido.

Este libro se presenta de manera clara y accesible, repleto de ejemplos prácticos y consejos útiles que podrás implementar de inmediato en tu vida cotidiana. Al final de tu lectura, contarás con las herramientas necesarias para tomar el control de tus finanzas personales y construir el futuro que deseas.

Recuerda: aunque el dinero no crece en los árboles, con el conocimiento adecuado y las herramientas correctas, tú puedes gestionar tus finanzas y alcanzar tus metas financieras. ¡Comencemos este viaje hacia tu libertad financiera!

AHORRO

El ahorro es un pilar esencial en la planificación financiera a largo plazo. No solo proporciona un colchón financiero para hacer frente a emergencias inesperadas, sino que también te acerca a la realización de tus metas a futuro, como la compra de una casa, la educación de tus hijos o tu jubilación.

En este capítulo, descubrirás estrategias efectivas para ahorrar de manera inteligente, así como consejos prácticos para establecer y alcanzar tus objetivos financieros. Aprenderás a priorizar tus ahorros, identificar áreas donde puedes recortar gastos y maximizar tu capacidad de generar un fondo de ahorro sólido. Con el enfoque correcto, podrás construir un futuro financiero seguro y alcanzar las metas que siempre has deseado.

Establecer metas de ahorro

El primer paso hacia una buena salud financiera es establecer metas de ahorro claras y alcanzables. Pregúntate: ¿Qué deseas lograr con tus ahorros? ¿Buscas crear un fondo de emergencia para cubrir gastos imprevistos? ¿Te gustaría ahorrar para una boda o un viaje de ensueño? ¿O tal vez estás pensando en comprar una casa o prepararte para la jubilación? Cada uno de estos objetivos requiere una estrategia de ahorro distinta, por lo que es crucial definir tus metas con claridad. Esto te permitirá diseñar un plan de ahorro efectivo que te ayudará a cumplir tus aspiraciones.

Establecer metas financieras a corto plazo

Las metas financieras a corto plazo son aquellas que puedes alcanzar en un plazo de uno a dos años. Suelen ser más específicas y concretas en comparación con las metas a largo plazo. Algunos ejemplos de metas a corto plazo incluyen:

- Pagar deudas de tarjeta de crédito o préstamos personales.
- Crear un fondo de emergencia.
- Ahorrar para unas vacaciones.
- Comprar un automóvil nuevo o usado.

Para establecer estas metas, considera cuánto dinero necesitas y en qué plazo deseas alcanzarlas. Una vez que tengas claridad sobre el monto que necesitas ahorrar, el siguiente paso es desarrollar un plan de ahorro que te permitirá lograr estas metas dentro del tiempo establecido.

Establecer metas financieras a largo plazo

Las metas financieras a largo plazo son aquellas que pueden requerir más de cinco años para alcanzarse. Estas metas suelen ser más amplias y reflejan tus aspiraciones más significativas. Algunos ejemplos de metas a largo plazo incluyen:

- Ahorrar para la jubilación.
- Comprar una casa.
- Financiar la educación universitaria de tus hijos (en caso de que tengas hijos).
- Invertir en un negocio propio.

Al establecer metas a largo plazo, es fundamental reflexionar sobre tus valores y prioridades. Pregúntate: ¿Qué es lo que más deseas lograr en tu vida? ¿Cómo imaginas tu futuro? Una vez que hayas definido tus metas a largo plazo, el siguiente paso es crear un plan de ahorro e inversión que te acercará a ellas.

¿Cómo crear un plan de acción?

Una vez que hayas establecido tus metas financieras a corto y largo plazo, es crucial crear un plan de acción que te permita alcanzarlas. Este plan debe incluir:

- **Un presupuesto:** Diseña un presupuesto que te ayudará a destinar el dinero necesario para alcanzar tus metas financieras.
- **Una estrategia de ahorro e inversión:** Desarrolla una estrategia que no solo te permita ahorrar, sino también hacer crecer tu dinero, acelerando así el logro de tus objetivos.
- **Revisión periódica:** Programa revisiones regulares de tus metas y de tu progreso para hacer ajustes cuando sea necesario.

Crear un plan de acción es fundamental para llevar a cabo tus metas financieras. Este plan debe consistir en una lista de pasos específicos y detallados que debes seguir. Aquí hay algunos consejos para ayudarte a crear tu plan de acción:

- **Establece metas específicas:** Defina exactamente qué deseas lograr. Asegúrate de que tus metas financieras sean claras y cuantificables, tanto a corto como a largo plazo. Por ejemplo, si tu objetivo a corto plazo es ahorrar para un coche nuevo, especifica la cantidad exacta que necesitas y el tiempo en que deseas alcanzarla.
- **Identifica los pasos necesarios:** Con tus metas claras, el siguiente paso es identificar las acciones que te llevarán a ellas. Elabora una lista detallada de los pasos que debes seguir. Siguiendo el ejemplo del coche nuevo, tus pasos podrían incluir ciertos gastos, aumentar tus ingresos y establecer un ahorro mensual específico.
- **Establece plazos para cada paso:** Asigna un plazo para cada acción. Esto te ayudará a mantener un sentido de

urgencia y enfocarte en tus objetivos, facilitando la gestión de tu tiempo y recursos.

- **Haz un seguimiento de tu progreso:** Mantente al tanto de tu avance. Es fundamental revisar tu plan de acción con regularidad y realizar ajustes según sea necesario. Esto te permitirá mantenerte en el camino correcto hacia tus metas y adaptarte a cualquier cambio en tus circunstancias.

Automatizar tus ahorros

Una vez que tengas claros tus objetivos financieros, es fundamental establecer un plan de ahorro. Una de las formas más efectivas de hacerlo es automatizando tus ahorros. Muchos bancos ofrecen la opción de establecer transferencias automáticas desde tu cuenta corriente a una cuenta de ahorro o inversión. Puedes programar transferencias mensuales o quincenales para que se realicen automáticamente en las fechas que elijas. Esta estrategia no solo simplifica el proceso de ahorro, sino que también elimina la tentación de gastar el dinero destinado al ahorro.

Beneficios de automatizar tus ahorros: Automatizar tus ahorros es una forma efectiva de avanzar hacia tus metas financieras. Al programar transferencias automáticas en una fecha específica cada mes, aseguras que el ahorro se convertirá en una prioridad en tu presupuesto. Esto te permitirá:

- **Ahorrar sin esfuerzo:** Al eliminar la necesidad de recordar ahorrar cada mes, haces que el proceso sea más fácil y menos estresante.
- **Mantener la disciplina:** La automatización te ayuda a mantener el compromiso con tus metas, independientemente de las fluctuaciones en tus gastos diarios.
- **Aprovechar el tiempo:** Cuanto antes comiences a ahorrar, más tiempo tendrás para beneficiarte del interés compuesto, lo que puede aumentar significativamente tus ahorros a largo plazo.

A continuación, algunos consejos para automatizar tus ahorros de manera efectiva:

- **Establece un objetivo de ahorro:** Antes de comenzar, define un objetivo claro y específico. Decide cuánto deseas ahorrar cada mes y el tiempo que necesitas para alcanzar tu meta. Esto te dará una dirección clara para tu automatización.
- **Elige una fecha y un monto específico:** Selecciona una fecha concreta para realizar la transferencia automática y un monto que se ajuste a tu presupuesto. Asegúrate de que la fecha elegida sea posterior al día en que recibas tus ingresos, para garantizar que siempre haya dinero suficiente en tu cuenta corriente para cubrir tus gastos.
- **Considere la posibilidad de automatizar sus inversiones:** Si tiene interés en invertir, explore la opción de automatizar también sus inversiones. Muchos corredores de bolsa permiten establecer inversiones regulares automáticas, lo que te ayudará a diversificar tu portafolio sin necesidad de estar pendiente constantemente.
- **Revisa tus ahorros regularmente:** Aunque la automatización simplifica el proceso, es esencial que revises tus cuentas periódicamente. Esto te permitirá asegurarte de que estás en el camino correcto hacia tus objetivos financieros. Ajusta tus aportes si es necesario para garantizar que estás ahorrando lo suficiente.
- **Establece un fondo de emergencia:** Asegúrate de destinar parte de tus ahorros a un fondo de emergencia. Esto te proporcionará una mayor tranquilidad financiera y te protegerá de imprevistos que podrían afectar tu capacidad para ahorrar.

Automatizar tus ahorros te permitirá ahorrar tiempo y esfuerzo mientras trabajas para alcanzar tus metas financieras. Siguiendo estos consejos, estarás en una mejor posición para lograr tus objetivos y mejorar tu salud financiera general.

Crear un fondo de emergencia

Un fondo de emergencia es un ahorro destinado específicamente para afrontar gastos imprevistos, como reparaciones en el hogar, facturas médicas o situaciones de pérdida de empleo. Tener un fondo de emergencia es esencial para evitar depender de tarjetas de crédito o préstamos personales que pueden agravar su situación financiera en momentos críticos. Este ahorro funciona como una red de seguridad que te ayuda a mantener la estabilidad financiera y la tranquilidad frente a imprevistos.

¿Por qué es importante tener un fondo de emergencia?

Un fondo de emergencia es la base de una buena salud financiera. Cuando ocurren eventos inesperados, no tener un respaldo económico puede llevar a deudas oa un desgaste de tus ahorros para otros objetivos importantes. Como regla general, se recomienda ahorrar lo suficiente para cubrir entre tres y seis meses de tus gastos básicos. Este monto proporciona una base sólida para manejar las dificultades financieras y permite tiempo para adaptarse o recuperarse de una crisis.

Pasos para crear un fondo de emergencia

1. **Establece un objetivo claro:** El primer paso es determinar cuánto necesitas ahorrar. Como mínimo, establece un objetivo que cubrirá tres meses de tus gastos esenciales, incluyendo vivienda, alimentos, transporte y salud. Si prefieres mayor seguridad, puedes optar por cubrir seis meses de gastos o más. Revisa tus gastos mensuales para calcular una cantidad aproximada y fija un monto específico como meta.

2. **Abre una cuenta de ahorros separada:** Para evitar la tentación de gastar el dinero destinado a emergencias en otros gastos, abre una cuenta de ahorros separada exclusivamente para tu fondo de emergencia. Elegir una cuenta que ofrezca un acceso rápido, pero que esté algo aislada de tu cuenta

corriente, te ayudará a usar estos ahorros únicamente cuando realmente sea necesario.

3. **Crea un plan de ahorro constante:** Establece una cantidad que puedas ahorrar regularmente, ya sea mensual o semanalmente, y ajusta tu presupuesto para destinar este monto al fondo de emergencia. Incluso si empiezas con pequeñas aportaciones, el objetivo es ahorrar de manera constante. Configure transferencias automáticas desde su cuenta corriente hacia la cuenta de emergencia para asegurar que esta meta se cumpla sin esfuerzo.

4. **Prioriza el fondo de emergencia sobre otros gastos:** Antes de destinar dinero a compras o actividades no esenciales, dale prioridad a tu fondo de emergencia. Aunque puede ser tentador usar tu dinero extra en entretenimiento o artículos de lujo, es más beneficioso a largo plazo crear esta red de seguridad que te protege en momentos difíciles.

5. **Incrementa tu fondo con el tiempo:** Una vez que hayas alcanzado tu objetivo inicial, es recomendable que sigas aportando al fondo. Considera aumentar el objetivo o reajustar la cantidad que aportas según aumenten tus ingresos o cambien tus circunstancias. Esto te permitirá tener un colchón mayor y afrontar emergencias de mayor impacto sin dificultad.

6. **Revisa y ajusta tu fondo de emergencia regularmente:** Haz revisiones periódicas de tu fondo para asegurarte de que cubre tus necesidades actuales. A medida que cambian tus gastos o aumentan tus responsabilidades financieras, es posible que necesites ajustar el monto objetivo. Si en algún momento necesitas usar el fondo, prioriza reponerlo lo antes posible para mantener intacta esta red de seguridad.

Consejos adicionales para mantener tu fondo de emergencia

- **Evite invertir el fondo de emergencia:** El propósito de este fondo está disponible rápidamente; por ello, evita invertirlo en activos de riesgo o que puedan ser difíciles de liquidar.

- **Revisita tus metas de ahorro periódicamente**: Al revisar tu situación financiera, evalúa si es necesario ajustar tu fondo de emergencia según tus necesidades actuales.

Crear un fondo de emergencia no solo te permite estar preparado para enfrentar lo inesperado, sino que también te proporciona la seguridad y tranquilidad que necesitas para mantener tus finanzas en orden en cualquier situación. Con un enfoque disciplinado y constante, puedes construir una base sólida que te ayudará a manejar mejor cualquier eventualidad que surja.

Maximizar tus ahorros

Una vez que tengas un plan de ahorro en marcha, el siguiente paso es buscar formas de maximizar esos ahorros para alcanzar tus metas financieras de manera más rápida y eficiente. Esto implica optimizar tanto tus ingresos como tus gastos, además de buscar las mejores herramientas y estrategias para hacer crecer tu dinero. A continuación, te presento algunos consejos efectivos para lograrlo.

Estrategias para maximizar tus ahorros

1. **Elige cuentas de ahorro con altas tasas de interés**: No todas las cuentas de ahorro son iguales. Muchos bancos en línea ofrecen tasas de interés más altas que los bancos tradicionales, lo que te permite ganar más por tu dinero. Al elegir una cuenta con una tasa de interés atractiva, tus ahorros podrán crecer de forma más acelerada gracias a la acumulación de intereses. Compara diferentes opciones y elige la que ofrezca los mejores beneficios, pero asegúrate de que sean instituciones financieras confiables.
2. **Reduce tus gastos mensuales**: Uno de los métodos más directos para aumentar tus ahorros es reducir tus gastos. Revisa tu presupuesto mensual y busca áreas en las que puedas recortar, como suscripciones que no uses, servicios

innecesarios o productos que puedas conseguir a menor precio. Haz una lista de tus gastos y evalúa cuáles son realmente necesarios y cuáles puedes minimizar. A lo largo del tiempo, estos pequeños recortes pueden tener un gran impacto en tus ahorros.

3. **Aumenta tus ingresos**: Maximizar tus ahorros no siempre significa solo recortar gastos; También puedes generar más ingresos. Si tienes un trabajo a tiempo completo, considera opciones como trabajos de medio tiempo, freelance o actividades que puedas realizar desde casa para ganar dinero extra. Otra opción es monetizar habilidades o conocimientos que tengas, como tutorías, venta de productos o servicios especializados.

4. **Crea y sigue un presupuesto efectivo**: Elaborar un presupuesto te permite tener un control detallado sobre tus ingresos y gastos, lo que facilita maximizar tus ahorros. Al asignar una cantidad específica para cada categoría de gasto y ahorro, puedes identificar dónde puedes reducir más y ajustar en consecuencia. Un presupuesto sólido también te ayuda a evitar gastos innecesarios y te asegura que el dinero se destina a tus prioridades.

5. **Usa aplicaciones y herramientas de ahorro**: Hoy en día, existen aplicaciones que facilitan el ahorro al automatizar parte del proceso. Algunas de estas aplicaciones deducen automáticamente pequeños montos de tus ingresos y los transfieren a una cuenta de ahorro separada, mientras que otras redondean tus compras y transfieren la diferencia a tus ahorros. Estas herramientas pueden ser una excelente manera de aumentar tus ahorros sin necesidad de grandes cambios en tu estilo de vida.

6. **Explora de opciones de inversión**: Para hacer crecer tus ahorros a largo plazo, considera invertir parte de tu dinero en instrumentos que te generen un rendimiento. La inversión en cuentas de ahorro de alto rendimiento, fondos indexados, bonos o acciones puede ayudarte a hacer crecer tus ahorros. Consulta con un asesor financiero o investiga por tu cuenta para encontrar las opciones de inversión que mejor se adaptan a tus metas y perfil de riesgo. La clave es empezar

temprano y ser constante para maximizar los beneficios a lo largo del tiempo.

7. **Mantén una disciplina de ahorro**: La disciplina es fundamental cuando se trata de maximizar los ahorros. Establece la regla de no tocar tus ahorros a menos que sea estrictamente necesario y de contribuir regularmente a tu cuenta de ahorros o inversiones. La constancia y el compromiso te ayudarán a acumular una cantidad significativa con el tiempo, y la disciplina te permitirá resistir la tentación de gastar ese dinero en otras multas.

8. **Revisa y ajusta tu plan regularmente**: Las metas y circunstancias financieras pueden cambiar, por lo que es importante revisar tu estrategia de ahorro de manera periódica. Evalúa tus avances y ajusta tus aportaciones en función de tus ingresos actuales, tus prioridades o cambios en el mercado financiero. Esta flexibilidad te permite adaptar tu plan de ahorro a tus necesidades actuales sin comprometer tus metas a largo plazo.

Consejos adicionales para potenciar tus ahorros

- **Automatiza las aportaciones**: Configura transferencias automáticas hacia tus cuentas de ahorro o inversión para garantizar la regularidad en

- **Evita deudas innecesarias**: El interés de las deudas puede erosionar tus ahorros, así que evita deudas no esenciales y prioriza el pago de las actuales.

- **Busca descuentos y ofertas**: Haz el hábito de aprovechar descuentos, promociones y cupones, que pueden ayudarte a reducir gastos sin sacrificar calidad.

Siguiendo estos pasos, puedes maximizar tus ahorros, lograr una vida financiera más estable y acercarte a tus objetivos financieros de manera más rápida y efectiva. Recuerda que cada acción, por pequeña que parezca, contribuye al crecimiento de tus finanzas ya mejorar tu salud financiera a largo plazo.

Ejercicios prácticos

Establecer metas financieras a corto y largo plazo

1. <u>Haz una lista de tus objetivos financieros:</u> haz una lista de tus objetivos financieros a corto y largo plazo. Escribe cada objetivo en la tabla a continuación.

Objetivo	A corto o largo plazo

2. <u>Define la cantidad necesaria para cada meta:</u> para cada objetivo financiero, define la cantidad de dinero que necesitas para alcanzarlo. Escribe la cantidad en la columna "Cantidad necesaria" de la tabla a continuación.

Objetivo	A corto o largo plazo	Cantidad necesaria

3. <u>Establece plazos para cada meta:</u> una vez que hayas definido la cantidad necesaria para cada meta, establece un plazo para lograr cada una. Escribe el plazo en la columna "Plazo" de la tabla a continuación.

Objetivo	A corto o largo plazo	Cantidad necesaria	Plazo

4. <u>Prioriza tus objetivos:</u> a continuación, prioriza tus objetivos financieros. Decide cuál es el objetivo más importante para ti en este momento y céntrate en él hasta que lo logres. Luego, continúa con el siguiente objetivo en orden de prioridad.

5. <u>Crea un plan de acción:</u> para cada objetivo financiero, crea un plan de acción detallado. Incluye las medidas específicas que tomarás para lograr cada objetivo, así como los plazos para cada una de estas medidas.

6. <u>Haz un seguimiento de tu progreso:</u> finalmente, haz un seguimiento de tu progreso hacia cada uno de tus objetivos financieros. Revisa tu plan de acción regularmente y haz ajustes si es necesario. Celebrar tus logros te mantendrá motivado para continuar trabajando hacia tus metas.

Manejo del crédito

El crédito puede ser una herramienta poderosa para alcanzar metas financieras importantes, como comprar una casa, un automóvil o consolidar otras deudas. Sin embargo, para que funcione a tu favor, es fundamental aprender a manejarlo con responsabilidad. Un manejo adecuado del crédito te permite no solo evitar problemas financieros sino también construir una buena calificación crediticia, que te abrirá puertas a mejores condiciones de préstamos en el futuro. En este capítulo, aprenderás cómo gestionar el crédito de manera efectiva y responsable, incluyendo cómo mantener una buena calificación crediticia, pagar tus deudas a tiempo, usar tus tarjetas de crédito sabiamente y proteger tu información para evitar fraudes.

Establecer y mantener una buena calificación crediticia

Tener una buena calificación crediticia es esencial para obtener financiamiento a tasas de interés competitivas y con condiciones favorables. Aquí tienes algunas estrategias clave para construir y mantener un buen historial de crédito:

- **Paga tus facturas a tiempo**: El historial de pagos es uno de los factores principales en tu calificación crediticia. Los pagos puntuales no solo te ayudan a evitar cargos por mora, sino que también tienen un impacto directo en tu puntuación. Configurar recordatorios o pagos automáticos puede ayudarle a cumplir con esta responsabilidad.
- **Mantén un saldo bajo**: Evita utilizar más del 30% de tu límite de crédito disponible, ya que esto muestra a los prestamistas que puedes manejar tus finanzas de manera prudente. Por ejemplo, si tu límite de crédito es de $10,000,

intenta mantener un saldo por debajo de $3,000. Esto mejora tu "índice de utilización de crédito", un factor importante en tu calificación.

- **No cierres cuentas de crédito antiguas**: Las cuentas de crédito con larga historia pueden beneficiarse. Mantener abiertas las cuentas que ha usado de manera responsable demuestra un historial sólido. Incluso si ya no usas una tarjeta de crédito, considera dejarla abierta para extender la duración de tu historial.
- **Solicita crédito con moderación**: Cada vez que solicita crédito, se genera una "consulta dura" en su historial, lo cual puede reducir temporalmente su calificación crediticia. Limite las solicitudes a las necesidades puntuales y planificadas.

Pagar las deudas a tiempo

Mantener tus deudas al día es crucial para evitar la acumulación de intereses y mantener una buena relación con los prestamistas. Aquí tienes algunos consejos útiles para asegurarte de pagar un tiempo:

- **Establece un sistema de seguimiento de fechas**: Utiliza una agenda, calendario o aplicación para registrar las fechas de vencimiento de tus pagos. La planificación te permite evitar sorpresas y cargos adicionales.
- **Configura pagos automáticos**: Programar pagos automáticos desde tu cuenta bancaria asegura que no te olvidarás de las fechas de pago. Esto es especialmente útil para pagos recurrentes como los de tarjetas de crédito o préstamos personales.
- **Prioriza las deudas con mayor tasa de interés**: Si tienes varias deudas, paga primero las que tienen tasas de interés más altas. Esto reduce el total de intereses que debes pagar y, en última instancia, libera más dinero para ahorrar o invertir.

Usar las tarjetas de crédito de forma responsable

Las tarjetas de crédito son útiles para realizar pagos y ganar recompensas, pero si no se manejan con cuidado, pueden generar una carga de deuda. Aquí te explico cómo usarlas de forma responsable:

- **Úsalas para gastos controlados**: Compra únicamente lo que puedas pagar completamente a fin de mes. Esto ayuda a evitar cargos por intereses y te permite aprovechar las recompensas sin endeudarte.
- **Paga el saldo completo cada mes**: El interés de las tarjetas de crédito suele ser alto, por lo que es recomendable liquidar el saldo en su totalidad cada mes. Así, evitas el cobro de intereses y mantienes tu historial limpio.
- **Limita el uso de múltiples tarjetas**: Usar varias tarjetas de crédito puede hacer que pierdas el control de tus gastos. Utilice una o dos tarjetas regularmente y reserve las demás para emergencias o compras especiales.
- **Evita los adelantos de efectivo**: Los retiros de efectivo con tarjeta de crédito suelen tener intereses más altos y cargos adicionales, lo cual puede afectar tu calificación y aumentar el costo de tu deuda.

¿Cómo detectar y evitar fraudes de identidad?

El robo de identidad es una amenaza real que puede afectar tus finanzas y tu calificación crediticia. Aquí te doy algunas recomendaciones para evitar ser víctima de fraude:

- **Mantén tu información personal segura**: No compartas datos como tu número de seguro social, fecha de nacimiento o número de cuenta con nadie que no sea de confianza.
- **Cuidado con correos sospechosos**: Nunca respondas a correos electrónicos que pidan información personal o que luzcan sospechosos. Los estafadores suelen usar correos o mensajes que parecen legítimos para robar información.

- **Revisa tus transacciones regularmente**: Haz un seguimiento de las transacciones de tus cuentas bancarias y de tarjetas de crédito. Detectar cargas no autorizadas de inmediato te permitirá actuar un tiempo para protegerte.
- **Usas contraseñas fuertes y únicas**: Utiliza contraseñas complejas y diferentes para cada cuenta importante. Cambiarlas regularmente ayuda a protegerte de accesos no autorizados.
- **Establece alertas de crédito y seguridad**: Activa notificaciones de tus bancos y emisores de tarjetas para recibir alertas en caso de actividades inusuales. Esto puede ayudarle a detectar actividades sospechosas en tiempo real y tomar medidas de inmediato.

Revisar y monitorear tu informe crediticio

Revisar tu informe de crédito regularmente es una excelente práctica para mantener tu historial crediticio en orden y detectar posibles errores. Puedes solicitar una copia de tu informe de crédito al banco. Revisa cada detalle para asegurarte de que no haya errores o movimientos que no reconozcas, ya que estos pueden impactar negativamente en tu calificación.

- **Actúa rápido ante errores**: Si encuentras un error en tu informe, informa de inmediato al banco para corregirlo. Los errores pueden afectar tu calificación y perjudicar tus futuras solicitudes de crédito.
- **Configura alertas de actividad en tus cuentas**: Muchos bancos permiten configurar alertas para gastos altos o transacciones fuera de lo común. Esto no solo protege tu crédito, sino que también te permite llevar un control más cercano de tus finanzas.

Construir y proteger tu calificación crediticia a largo plazo

Tener una calificación crediticia saludable es un proceso constante. A medida que desarrolles el hábito de gestionar tu crédito de forma responsable, estarás construyendo un historial financiero sólido que te beneficiará en el futuro.

Recuerda que un buen manejo del crédito te permite obtener tasas de interés más bajas y condiciones más favorables para préstamos importantes, como hipotecas o financiamiento de vehículos. Al aprender a utilizar el crédito como una herramienta, puedes alcanzar tus metas financieras con confianza y seguridad.

Recursos en línea para la gestión de tus finanzas personales

En la era digital actual, existen múltiples herramientas y recursos en línea que pueden ayudarte a mejorar tu conocimiento y control sobre tus finanzas personales. En este capítulo, te presentamos algunos de los más útiles y accesibles, desde aplicaciones móviles hasta calculadoras financieras y blogs especializados. Estos recursos pueden brindarte una visión más clara de tu situación financiera, ayudarte a tomar decisiones informadas y facilitarte el camino hacia la independencia financiera.

Aplicaciones móviles

Las aplicaciones móviles son herramientas poderosas para la gestión diaria de tus finanzas. Con funciones que permiten registrar tus ingresos y gastos, crear presupuestos y establecer metas de ahorro, son ideales para mantener tus finanzas bajo control desde tu teléfono. Aquí algunas de las más recomendadas:

- **Mint**: Ofrece un panorama completo de tus finanzas, permitiéndote hacer un seguimiento de tus ingresos, gastos, inversiones y deudas. Además, te ayuda a crear presupuestos, establecer metas de ahorro y recibir alertas de gastos.
- **PocketGuard**: Ideal para quienes desean saber cuánto dinero realmente tienen disponible después de cubrir sus gastos. PocketGuard analiza tus gastos e ingresos y te muestra oportunidades de ahorro, ayudándote a evitar gastar más.
- **Bellotas**: Perfecta para aquellos interesados en comenzar a invertir. Redondea tus compras al dólar más cercano e invierte el cambio en una cartera diversificada. También permite establecer metas de ahorro para la jubilación y realizar inversiones automáticas.

Calculadoras financieras en línea

Las calculadoras financieras son herramientas útiles para realizar cálculos complejos de manera rápida y precisa. Existen varios que pueden ayudarte a planificar tus finanzas a largo plazo y evaluar tus estrategias de ahorro e inversión:

- **Calculadora de presupuesto**: Te ayuda a desglosar tus gastos mensuales ya crear un presupuesto que se adapta a tus necesidades. Es útil para identificar áreas en las que podrían recortar gastos.
- **Calculadora de ahorro**: Estima cuánto podrías ahorrar en un período determinado, teniendo en cuenta la cantidad que depositas regularmente y la tasa de interés de tu cuenta de ahorros.
- **Calculadora de deudas**: Calcula el tiempo que te llevará saldar tus deudas y el interés total que pagarás, calculando en tus pagos actuales. Es una herramienta ideal para planificar una estrategia de pago eficiente.

Sitios web de consejos financieros

Los sitios web dedicados a las finanzas personales son una excelente fuente de información, desde comparaciones de productos financieros hasta consejos prácticos para mejorar tu salud financiera:

- **Bankrate.com**: Proporciona información detallada sobre tasas de interés, hipotecas, préstamos y tarjetas de crédito. Es útil para quienes están considerando solicitar un préstamo o abrir una cuenta bancaria.
- **NerdWallet.com**: Ofrece comparaciones de productos financieros, incluidas tarjetas de crédito, préstamos y cuentas de ahorro. Además, incluye artículos y guías prácticas sobre una gran variedad de temas financieros.
- **The Balance**: Este sitio es una biblioteca completa de artículos sobre finanzas personales, inversión, impuestos y planificación para la jubilación, ideales para quienes desean profundizar en temas específicos.

Blogs sobre finanzas personales

Muchos expertos en finanzas comparten sus conocimientos y experiencias a través de blogs. Estos sitios pueden ofrecerte una perspectiva personal y consejos prácticos sobre cómo mejorar tus finanzas:

- **Mr. Money Moustache:** Este blog es ideal para quienes buscan consejos sobre ahorro, inversión y jubilación anticipada, con un enfoque en la vida frugal y la independencia financiera.
- **The Penny Hoarder:** Ofrece una variedad de artículos sobre cómo ahorrar dinero, ganar ingresos adicionales y reducir deudas. Es una gran opción para quienes buscan mejorar su situación financiera con pequeños cambios.
- **Frugalwoods:** Dirigido a aquellos interesados en el ahorro y la frugalidad, este blog ofrece estrategias para reducir gastos y vivir de manera sencilla sin sacrificar la calidad de vida.

Canales de YouTube y podcasts sobre finanzas personales

Los canales de YouTube y podcasts de finanzas personales son una excelente forma de aprender sobre este tema de manera accesible y entretenida. Aquí algunos recomendados:

- **Graham Stephan (YouTube):** Con un enfoque en el ahorro y la inversión inmobiliaria, Graham comparte consejos financieros prácticos y su experiencia personal en el manejo del dinero.
- **ChooseFI (podcast):** Este podcast se centra en la independencia financiera y la jubilación anticipada, con consejos sobre inversión, ahorro y creación de hábitos financieros saludables.
- **The Dave Ramsey Show (YouTube y podcast):** Dave Ramsey es conocido por su método para eliminar deudas y

alcanzar la libertad financiera. Sus programas ofrecen consejos y soluciones prácticas para mejorar tus finanzas.

En conclusión

Los recursos en línea pueden ofrecerte el apoyo y la orientación que necesitas para tomar el control de tus finanzas personales. Desde aplicaciones móviles hasta blogs y podcasts, estas herramientas te ayudarán a establecer un plan financiero sólido, alcanzar tus metas y mejorar tu salud financiera en general. Recuerda que, aunque cada recurso puede ofrecerte algo valioso, lo importante es que encuentres los que mejor se adaptan a tus necesidades y estilo de vida para maximizar su efectividad en tu camino hacia una vida financiera más estable y exitosa.

Inversiones

La inversión es una pieza clave en la gestión financiera, ya que permite el crecimiento del patrimonio y la consecución de objetivos financieros a largo plazo. Sin embargo, el mundo de las inversiones también conlleva riesgos y complejidades. En este capítulo exploraremos los fundamentos esenciales de la inversión, los tipos de activos disponibles, cómo seleccionar una cartera que se ajuste a tus metas y algunos principios para minimizar riesgos y maximizar el rendimiento.

Fundamentos de la inversión

Invertir implica asignar recursos con la expectativa de obtener un rendimiento futuro. Esto puede incluir acciones, bonos, bienes raíces y otros activos. La clave del éxito está en entender cómo funcionan estos instrumentos y en desarrollar una estrategia que se alinee con tus metas, ya sea generar ingresos pasivos, crear un fondo de jubilación o hacer crecer tu capital.

Tipos de inversiones

1. **Acciones**: Representan una participación en una empresa. Al comprar acciones, te conviertes en dueño parcial y tienes derecho a una parte de las ganancias (dividendos). Las acciones ofrecen un alto potencial de rendimiento, aunque también son volátiles y su valor puede fluctuar ampliamente a corto plazo.
2. **Bonos**: Son instrumentos de deuda que las empresas o gobiernos emiten para financiar sus proyectos. Al adquirir un bono, prestas dinero a cambio de un interés fijo hasta el vencimiento. Los bonos son menos riesgosos que las

acciones y suelen ser una inversión adecuada para quienes buscan seguridad y estabilidad.

3. **Fondos mutuos:** Agrupan dinero de varios inversores para crear una cartera diversificada de acciones, bonos y otros valores, gestionada por profesionales. Son ideales para aquellos que buscan exposición al mercado sin necesidad de elegir y gestionar inversiones individuales.

4. **Bienes raíces:** Consiste en la compra de propiedades con el fin de obtener rentas o ganancias de capital. Los bienes raíces ofrecen estabilidad y apreciación a largo plazo, aunque requieren de una inversión inicial significativa y, en muchos casos, de conocimientos en gestión inmobiliaria.

5. **Fondos indexados y ETFs (Exchange-Traded Funds):** Son fondos de inversión que replican el rendimiento de un índice de mercado (como el S&P 500). Los ETF permiten diversificar con bajos costos y flexibilidad, ya que se negocian como acciones en las bolsas de valores.

6. **Metales preciosos:** Oro, plata y otros metales son considerados refugios seguros en tiempos de incertidumbre económica. Pueden ofrecer protección contra la inflación y la devaluación de la moneda, aunque no suelen generar ingresos como los dividendos o los intereses.

Selección de una cartera de inversiones

Para estructurar una cartera efectiva es fundamental considerar tus objetivos, tolerancia al riesgo y horizonte de inversión:

- **Objetivos:** Definir tus metas a corto, mediano y largo plazo. Quienes buscan una jubilación cómoda pueden centrarse en una estrategia de crecimiento a largo plazo, mientras que aquellos con metas de mediano plazo pueden elegir una combinación de activos de riesgo moderado.

- **Tolerancia al riesgo:** Los inversores con alta tolerancia al riesgo podrían optar por una cartera compuesta en gran medida por acciones, mientras que los más conservadores pueden inclinarse hacia bonos y fondos de bajo riesgo.

- **Horizonte de inversión**: El tiempo que planeas mantener tus inversiones puede afectar la composición de tu cartera. A mayor horizonte, mayor capacidad para asumir riesgos y compensar la volatilidad.

Una cartera equilibrada podría incluir acciones para crecimiento a largo plazo, bonos para estabilidad y bienes raíces para diversificación. A medida que tus metas cambien, ajusta la composición de tu cartera, manteniendo siempre una base sólida de diversificación.

Minimización de riesgos

La inversión siempre lleva implícitos riesgos, pero estos pueden reducirse a través de prácticas clave:

- **Diversificación**: Invertir en una variedad de activos y sectores ayuda a reducir la exposición a cualquier riesgo individual. Diversificar entre clases de activos (acciones, bonos, bienes raíces, etc.) y dentro de cada clase es fundamental para mitigar pérdidas.
- **Inversión a largo plazo**: Mantener una visión de largo plazo permite soportar la volatilidad del mercado y aprovechar el crecimiento gradual. Las inversiones a corto plazo pueden ser más volátiles y ofrecen menos posibilidades de recuperación en tiempos difíciles.
- **Revisión periódica de la cartera**: Es importante revisar y ajustar la cartera periódicamente, especialmente cuando cambian las condiciones del mercado o tus metas personales. Una revisión anual es ideal para reajustar el equilibrio y evaluar el rendimiento.

Maximización de los rendimientos

Para optimizar los rendimientos, además de diversificar y mantener la inversión a largo plazo, considere lo siguiente:

- **Educación continua:** Mantente informado sobre el comportamiento del mercado, los indicadores económicos y las tendencias sectoriales. Conocer estos aspectos te permitirá hacer ajustes estratégicos y tomar decisiones informadas.

- **Reinversión de ganancias:** La reinversión de dividendos e intereses en tu cartera puede generar un crecimiento exponencial mediante el poder del interés compuesto. Muchos fondos de inversión ofrecen opciones de reinversión automática de dividendos.

- **Evitar el "market timing":** Intentar adivinar cuándo es el mejor momento para entrar o salir del mercado puede resultar en pérdidas significativas. En su lugar, considera una estrategia de "promedio del costo del dólar", invirtiendo una cantidad fija en intervalos regulares para reducir el impacto de la volatilidad del mercado.

Estrategias de inversión responsables

Invertir responsablemente implica tener una visión realista y evitar el sobreendeudamiento o la exposición excesiva al riesgo. Aquí algunas pautas:

- **Desconfía de las promesas de rendimiento rápido:** Las inversiones que prometen ganancias rápidas y elevadas suelen ser arriesgadas y en muchos casos fraudulentas. Opta por inversiones reguladas y, si es necesario, busca el apoyo de un asesor financiero.

- **Establece un fondo de emergencia:** Antes de hacer inversiones significativas, asegúrate de contar con un fondo de emergencia que cubra al menos tres a seis meses de gastos. Esto te permitirá mantener tu inversión incluso si enfrentas una situación imprevista.

Conclusión

Invertir es un componente esencial para alcanzar la independencia financiera y protegerse contra la inflación. Con una comprensión básica de los tipos de inversiones, la selección de una cartera adecuada y prácticas responsables para minimizar riesgos y maximizar rendimientos, puedes hacer crecer tu patrimonio de manera sostenible. La paciencia, el conocimiento y una planificación sólida son los pilares de una estrategia de inversión exitosa.

Consejos de expertos en finanzas personales

Los jóvenes adultos pueden beneficiarse de los consejos de expertos en finanzas personales, ya que proporcionan orientación práctica y estrategias para alcanzar la estabilidad y el crecimiento financiero. A continuación, exploramos algunos de los roles más importantes en el asesoramiento financiero y los conocimientos específicos que cada uno puede aportar:

Asesor financiero

Un asesor financiero ayuda a desarrollar un plan financiero a medida, desde la creación de un presupuesto hasta la planificación de la jubilación. Su conocimiento en inversiones permite orientar a los jóvenes sobre la diversificación de activos, la identificación de oportunidades de crecimiento y la minimización de riesgos. Asegúrese de elegir un asesor con experiencia y credenciales reconocidas, como un Certified Financial Planner (CFP), para garantizar un asesoramiento ético y profesional.

Contador

Un contador no solo ayuda con la preparación de impuestos, sino que también maximiza las deducciones fiscales y asegura el cumplimiento de las regulaciones tributarias. También puede ayudarte a comprender cómo las decisiones financieras, como inversiones y gastos, impactan en tus obligaciones fiscales. Contar con un contador puede hacer una gran diferencia en la administración de tus impuestos y en tu planeación fiscal a largo plazo.

Expertos en ahorro e inversión

Los expertos en ahorro e inversión son una fuente de conocimientos sobre cómo gestionar y hacer crecer el capital. Estos especialistas pueden ayudarte a seleccionar una cartera de inversiones que se adapte a tus objetivos y tolerancia al riesgo, a entender la volatilidad del mercado ya tomar decisiones informadas que maximicen los rendimientos. Buscando su apoyo, es posible evitar los errores comunes de inversión, como el "market timing" o la falta de diversificación.

Coach de finanzas personales

Un coach de finanzas personales puede ayudarte a trabajar tus hábitos financieros y crear un enfoque positivo hacia el dinero. A diferencia de un asesor financiero, un coach se enfoca en los aspectos conductuales y emocionales de tus finanzas, ayudándote a superar miedos, eliminar malos hábitos y construir una relación sana con el dinero.

Consejos clave de expertos en finanzas

Además del apoyo profesional, es útil conocer algunos de los principios compartidos por expertos financieros reconocidos. A continuación, presentamos algunos consejos y citas inspiradoras:

1. **"El dinero que ahorras es como tu propio ejército, dispuesto a protegerte en momentos de necesidad."** - *Suze Orman*, autora y presentadora.

   - Este consejo destaca la importancia de contar con un fondo de emergencia. Ahorrar puede ser tu primera defensa contra las crisis y te otorga tranquilidad en tiempos de incertidumbre.

2. **"No intentas ser un hombre rico, intenta ser un hombre feliz. Luego, si tienes suerte, serás rico".** - *Jim Rohn*, orador y autor.

   - Rohn subraya que las decisiones financieras deben estar alineadas con una vida equilibrada y feliz, en lugar de estar impulsadas únicamente por la acumulación de riqueza.

3. **"La diversificación es una protección contra la ignorancia. Esto lo sabe todo el mundo excepto los inversores principiantes."** - *Warren Buffett*, inversionista.

   - La diversificación reduce el riesgo de pérdida significativa, ya que distribuye el capital en diferentes tipos de activos y mercados.

4. **"Lo que ayuda es tener objetivos claros, metas, estrategias para alcanzarlas, y la disciplina para seguirlas."** - *Ben Stein*, escritor y comentarista financiero.

   - Establecer metas financieras claras y realistas y seguir una estrategia definida es fundamental para lograr el éxito a largo plazo en las finanzas.

5. **"La única forma de tener éxito en los mercados financieros es ser consistente y disciplinado."** - *David Booth*, fundador de Dimensional Fund Advisors.

   - Este consejo enfatiza la importancia de una estrategia coherente y la disciplina para seguirla, especialmente cuando los mercados se vuelven volátiles.

6. **"Ahorra un poco de dinero cada mes y al final del año tendrás sorprendentemente una gran cantidad de dinero."** - *Javier López Bernardo*, autor y experto en finanzas personales.

- Este enfoque simple pero poderoso demuestra cómo el ahorro constante genera resultados impactantes a lo largo del tiempo.

Educarse y tomar el control

Si bien los consejos de los expertos son invaluables, también es esencial que los jóvenes desarrollen sus conocimientos financieros. Esto implica leer sobre finanzas personales, hacer cursos en línea, seguir a expertos confiables y estar al tanto de las tendencias económicas y del mercado. Aprovechar el asesoramiento profesional y combinarlo con una educación continua sobre finanzas personales crea una base sólida para tomar decisiones informadas y con confianza.

Presupuesto

El presupuesto es una herramienta esencial para gestionar tus finanzas personales y te permite tener un panorama claro de tus ingresos y gastos, ayudándote a alcanzar metas financieras realistas. Aunque una simple vista puede parecer restrictiva, el presupuesto es una herramienta de libertad financiera: al saber en qué se va tu dinero, puedes tomar decisiones más conscientes y asegurarte de que cada gasto te acerca a tus objetivos. A continuación, se presentan estrategias claves para hacer un presupuesto efectivo y mantenerlo en el tiempo.

Pasos para crear y mantener un presupuesto exitoso

1. **Define tus metas financieras**: Antes de elaborar un presupuesto, aclara tus objetivos financieros a corto, mediano y largo plazo. Esto puede incluir pagar deudas, ahorrar para la jubilación, viajar o comprar una vivienda. Tener metas claras ayuda a determinar cuánto necesitas asignar a cada categoría, evitando gastos impulsivos que te alejan de tus objetivos.
2. **Haz un listado de tus ingresos**: Incluye todas las fuentes de ingreso, como el salario, trabajos adicionales, ingresos por inversiones o cualquier otra entrada regular. Saber exactamente cuánto dinero tienes disponible es fundamental para distribuirlo correctamente.
3. **Categoriza tus gastos**: Divide tus gastos en categorías como vivienda, transporte, alimentación, entretenimiento y salud. Esto te ayudará a visualizar mejor tus prioridades y ajustar gastos cuando sea necesario.
4. **Anota todos tus gastos**: Para un presupuesto efectivo, registra todos tus gastos, desde los fijos (alquiler, servicios) hasta las variables (comida, entretenimiento). Un registro

detallado te permite tener un panorama completo y tomar decisiones informadas.

5. **Establezca un plan de ahorro**: No solo pienses en los gastos, sino también en el ahorro. Considere el ahorro como un gasto mensual obligatorio y destine una parte de sus ingresos a una cuenta separada, preferiblemente automática, para asegurar su cumplimiento.

6. **Controla tus gastos regularmente**: Usa aplicaciones móviles o un manual de registro para llevar un seguimiento de tus gastos. Esto permite detectar posibles excesos y realizar ajustes. Mantenerte al tanto de tus finanzas facilita el cumplimiento de tus objetivos.

7. **Ajustar y optimizar**: Si tus gastos son mayores de lo planeado, ajusta el presupuesto en las categorías menos prioritarias. Podrías reducir el entretenimiento o el transporte, o incluso aumentar los ingresos con actividades adicionales.

8. **Evitar deudas innecesarias**: Evitar endeudarse para cubrir gastos cotidianos es clave. Reserva el crédito para inversiones que incrementen tu patrimonio, como una propiedad o una educación que mejore tus perspectivas profesionales.

9. **Incluye un fondo de emergencias**: Destina una parte del presupuesto a un fondo de emergencias que te respalde ante imprevistos. Este fondo puede evitar que dependa del crédito en situaciones inesperadas.

10. **Disfruta del equilibrio entre el ahorro y el gasto**: El objetivo de un presupuesto no es privarte, sino ayudarte a disfrutar del presente sin comprometer tu estabilidad futura. Dedica una pequeña parte a placeres y entretenimiento, ya que un presupuesto muy restrictivo puede llevar al abandono de las metas.

Ideas adicionales para un presupuesto sostenible

1. **Establece prioridades y flexibilidad**: Conocer y establecer prioridades ayuda a tomar decisiones financieras más conscientes. También, ser flexible y no castigarte si algo no

sale como lo planeaste es esencial para evitar frustraciones. Aprende de los errores y realiza ajustes de manera continua.

2. **Sé realista y dale espacio a lo inevitable:** Si bien un presupuesto debe ser riguroso, no debe ser extremadamente estricto. Al dejar espacio para imprevistos, mantienes el control sin caer en la frustración. Los gastos fijos son inevitables, pero incluir un margen para "extras" evita la tentación de romper el presupuesto.

3. **Evita gastos "fantasmas":** A veces los "gastos fantasmas" o gastos que realizamos sin pensar, como suscripciones innecesarias o tarifas ocultas, son el mayor impedimento para un presupuesto sólido. Una vez al mes, revisa todos los gastos y suscripciones para detectar fugas de dinero.

4. **Monitorea tus progresos:** Revisar tu presupuesto al final de cada mes te permite analizar tu progreso y hacer los ajustes necesarios. Esta revisión mensual es una forma de asegurarte de que tus gastos están en línea con tus objetivos y evita desviaciones a largo plazo.

5. **Utiliza herramientas digitales:** Hoy en día existen aplicaciones que hacen del seguimiento de los gastos una tarea sencilla y visual. Herramientas como Mint, YNAB (You Need A Budget) o incluso una simple hoja de cálculo en Excel son útiles para tener control de tu dinero sin complicaciones.

6. **Recompénsate de manera consciente:** Finalmente, el presupuesto no debe ser sinónimo de restricción total. Establece recompensas conscientes cuando logres un objetivo importante de ahorro o de eliminación de deudas.

Ejercicios prácticos sobre presupuestos

1. <u>Análisis de gastos:</u> Escribe tus gastos mensuales y clasifícalos en estas categorías.

Recuerda que esto es un ejercicio práctico como ejemplo. Puedes crear tu propia lista personal en una libreta.

Vivienda	Alimentación	Transporte	Entretenimiento, etc.

2. <u>Establecimiento de objetivos:</u> Escribe tus objetivos financieros a corto y largo plazo y crea un plan de acción para alcanzarlos. Por ejemplo, si tu objetivo a corto plazo es ahorrar para unas vacaciones, crea un presupuesto para tus gastos diarios y establece una cantidad de ahorro mensual para cumplir con tu meta

Objetivos	*A corto plazo o largo plazo*

3. <u>Seguimiento de gastos:</u> Anota un seguimiento de tus gastos diarios durante una semana o un mes. Anota todo lo que gastas, incluso los pequeños gastos como el café o el snack de la tarde. Al final de la semana o mes, revisa tus gastos y busca formas de reducir los gastos innecesarios. Utiliza esta información para crear un presupuesto realista para los siguientes meses.

Gastos	*Día/mes*

Planificación para el futuro financiero

La planificación para el futuro financiero puede parecer abrumadora para los jóvenes adultos. Sin embargo, comenzar a pensar y actuar en torno a estas decisiones tempranas tiene un impacto significativo. Tener en orden tus finanzas y fijar metas financieras a largo plazo te permitirá construir una base económica estable. A continuación, te presento los elementos clave para una planificación financiera sólida que abarca desde la jubilación hasta la creación de fondos de ahorro y la protección con seguros.

Ahorrar para la jubilación

La jubilación puede parecer lejana, pero empezar a ahorrar desde temprano es clave para aprovechar el poder del interés compuesto. A medida que los años avanzan, este efecto multiplicador permite que tus ahorros crezcan exponencialmente.

Opciones de ahorro para la jubilación:

- **Planes de ahorro patrocinados por el empleador:** Muchos beneficios ofrecen planes de jubilación como el 401(k), donde el empleador iguala un porcentaje de las contribuciones del empleado, lo que representa un beneficio adicional.
- **Cuentas de jubilación individuales (IRA y Roth IRA):** Las IRA permiten que los fondos crezcan con ventajas fiscales. La Roth IRA, es beneficiosa para quienes esperan tener una tasa impositiva más alta en el futuro, ya que las contribuciones son después de impuestos, y las retiradas en la jubilación están libres de impuestos.

- **Fondos de inversión automatizados y robo-advisors:** Son opciones que simplifican la gestión del portafolio de inversiones. Aunque algunos aviones son específicos de EE.UU. UU., en otros países también existen alternativas de cuentas de jubilación con beneficios fiscales.

Ejercicio práctico:

- Determina cuánto necesitas para vivir cómodamente en la jubilación.
- Investiga y compara opciones de planes de ahorro para la jubilación.
- Selecciona un plan de ahorro para la jubilación y establece una contribución mensual que te acercará a tu meta.

Obtener seguros de salud y vida

Los seguros son esenciales para proteger su patrimonio y garantizar la seguridad financiera en caso de imprevistos. Tanto el seguro de salud como el de vida son importantes para jóvenes adultos, pues mitigan el riesgo de cargas financieras excesivas en situaciones de emergencia.

Tipos de seguros importantes:

- **Seguro de Salud:** Cubre los gastos médicos en caso de enfermedad o accidente. Es importante comparar diferentes pólizas para encontrar una que ofrezca la cobertura que necesitas sin desbordar tu presupuesto.
- **Seguro de Vida:** Un seguro de vida es particularmente relevante si tienes dependientes financieros, ya que proporciona un respaldo económico para tus seres queridos en caso de fallecimiento.

- **Seguro de Invalidez:** Un seguro adicional para proteger tus ingresos en caso de alguna enfermedad o accidente que te impida trabajar.

Ejercicio práctico:

- Investigue las opciones de seguro de salud, vida e invalidez.
- Compara los costos y beneficios de cada opción.
- Elige un seguro adecuado a tus necesidades y presupuesto actuales, revisando las coberturas cada cierto tiempo para ajustarlas a tus circunstancias.

Establecer un fondo de ahorro para emergencias e imprevistos

Un fondo de emergencia te permite cubrir gastos inesperados sin tener que recurrir a deudas. Este ahorro debería estar en una cuenta separada y de fácil acceso, especialmente para casos como reparaciones inesperadas, pérdida de empleo o gastos médicos no cubiertos por el seguro.

Cómo crear un fondo de emergencias eficaz:

- **Objetivo de ahorro:** Se recomienda que el fondo cubra al menos tres a seis meses de gastos básicos.
- **Tipos de cuentas:** Coloca este fondo en una cuenta de ahorro de fácil acceso, como una cuenta de ahorros de alta rentabilidad.
- **Contribuciones constantes:** Programa transferencias automáticas a tu fondo de emergencia. Aunque sea una pequeña cantidad, el ahorro constante es la clave.

Ejercicio práctico:

- Calcula cuánto necesitas para cubrir tres a seis meses de tus gastos básicos.
- Establece una meta de ahorro mensual y transfórmalo en un hábito.
- Revisa y ajusta regularmente tu fondo de emergencia para mantenerlo al día con tus gastos y necesidades.

Planificar para lograr estabilidad financiera a largo plazo

Estar preparado financieramente para el futuro es algo que se construye con pequeños pasos consistentes. La planificación para el futuro financiero no solo implica tomar las medidas prácticas de ahorro y protección, sino también adoptar una mentalidad a largo plazo y ser disciplinado con tus finanzas. Aquí algunos pasos adicionales que pueden ayudarte a avanzar hacia la estabilidad económica:

1. **Revisa periódicamente tu plan financiero:** La vida cambia, y también pueden cambiar tus objetivos y necesidades. Al menos una vez al año, revisa tus ahorros, seguros y fondos de emergencia.
2. **Considera la inflación en tus aviones:** A lo largo del tiempo, el costo de vida aumenta debido a la inflación, lo que hace que el dinero pierda poder adquisitivo. Considera esta variable en tus metas para la jubilación y el ahorro.
3. **Establece prioridades y metas a corto y largo plazo:** Define qué gastos pueden esperar y cuáles son prioritarios. Esto ayuda a establecer un orden en tus finanzas que evita gastos impulsivos y fortalece tus recursos para metas mayores.
4. **Utiliza herramientas de planificación financiera:** Actualmente, existen muchas aplicaciones y software que facilitan el seguimiento de tus ahorros, gastos e inversiones. Utilizar herramientas digitales puede hacer que tus finanzas sean más fáciles de gestionar y entender.

5. **Preparar un testamento o asignación de beneficiarios:** Este es un aspecto de la planificación que muchos dejan de lado. Hay que asegurar que tus activos tengan un beneficiario es una forma de protección financiera para tus seres queridos en caso de un evento inesperado.

En resumen

La planificación para el futuro financiero es una inversión en tu tranquilidad y seguridad a largo plazo. Ahorrar para la jubilación, seguros de salud y vida, establecer fondos de ahorro y preparar documentos legales son medidas que pueden ayudar a construir una base financiera sólida ya obtener proteger tus activos y tus seres queridos.

Casos de estudios

Exploraremos varios casos de jóvenes adultos que enfrentaron desafíos financieros y encontraron formas efectivas de superarlos. Estas historias pueden inspirar a otros jóvenes adultos y ayudarles a encontrar soluciones para sus propios obstáculos financieros.

El caso de Juan

Juan es un joven adulto que estaba luchando para salir de sus deudas. Tenía varias tarjetas de crédito y préstamos personales que habían acumulado intereses elevados, y no sabía por dónde empezar a pagar. Después de investigar en línea, encontré una estrategia de pago de deudas llamada "bola de nieve". Con esta estrategia, comenzó a pagar sus deudas más pequeñas primero mientras hacía pagos mínimos en las deudas más grandes. Una vez que pagó su deuda más pequeña, usamos el dinero destinado a esa deuda para la siguiente. Gracias a esta estrategia, Juan salió de deudas en un plazo de tres años.

El caso de María

María es una joven adulta que tenía dificultades para ahorrar. Siempre surgía un gasto inesperado o alguna tentación en la que gastar su dinero. Después de leer varios blogs sobre finanzas personales, decidió establecer un presupuesto y un plan de ahorro. Determinó ahorrar el 10% de su salario cada mes en una cuenta de ahorros separada y desarrolló un límite para entretenimiento y comidas fuera de casa. Con esta disciplina, María ahorró lo suficiente para hacer un viaje que había estado planeando durante años.

El caso de José

José es un joven adulto sin mucha experiencia en inversiones, pero quería ahorrar para el futuro. Después de investigar, descubrió aplicaciones de inversión o "robo-advisors" que utilizan algoritmos para administrar una cartera personalizada. José decidió abrir una cuenta y comenzó a invertir pequeñas cantidades en la cartera recomendada, lo que le permitió ahorrar y generar intereses sin preocuparse por la gestión de la cartera.

El Caso de Laura: Cómo crear un fondo de emergencias

Laura, una joven profesional, se dio cuenta de que no contaba con un fondo de emergencia cuando surgió un gasto inesperado: una costosa reparación de su auto. Aprendió que tener un fondo para emergencias podría protegerla de futuras situaciones similares. Decidió destinar el 5% de su ingreso mensual a un fondo de emergencias, apartándolo en una cuenta de ahorro de fácil acceso. En un año, Laura logró ahorrar tres meses de sus gastos básicos, brindándole tranquilidad y seguridad en su vida financiera.

El Caso de Andrés: manejar los gastos con responsabilidad

Andrés, un joven adulto con un buen empleo, disfrutaba gastar su dinero en salidas y compras impulsivas. Sin embargo, pronto se dio cuenta de que su cuenta de ahorros estaba vacía y sus gastos le impedían alcanzar objetivos importantes. Decidió implementar el método de "los sobres", separando su presupuesto mensual en categorías específicas: vivienda, entretenimiento, ahorro y alimentos. Cada gasto debía ser aprobado según el monto en cada sobre. Esto le ayudó a ser más consciente de sus gastos ya ahorrar para comprar su primer auto en tan solo 18 meses.

Estos casos de estudio demuestran que, con las estrategias adecuadas, los jóvenes adultos pueden superar diversos desafíos financieros. Al aprender de la experiencia de otros, es posible encontrar ideas prácticas y efectivas para alcanzar la estabilidad y las metas financieras propias.

ACERCA DEL AUTOR

Tengo un gran interés en ayudar a jóvenes adultos a alcanzar su independencia financiera. Mi intención con este libro es ofrecer una guía clara y accesible para aquellos que están dan

La inspiración para escribir este libro nació de los desafíos financieros que experimenté y de ver que muchos otros jóvenes enfrentan situaciones similares, sintiéndose abrumados al intentar manejar su economía. Con este proyecto, recopiló conocimientos y consejos prácticos, basados tanto en experiencias propias como en investigación, para brindar herramientas útiles que

Espero que este libro sea un recurso valioso para aquellos que buscan mejorar su bienestar financiero y alcanzar una estabilidad económica. ¡Gracias por leer y confiar en estas páginas para acompañarte!

www.ingramcontent.com/pod-product-compliance
Lightning Source LLC
Chambersburg PA
CBHW070517220526
45467CB00002B/704